COSTA RICA

Fotografías

A. ORTEGA

L. Blas Aritio
J. y J. Blassi
J. A. Fernández
H. Geiger
M. Villalta Quirós
A. Vázquez

© Copyright 1999 *Incafo Costa Rica*
Reservados todos los derechos

Cuarta edición, octubre de 2004

Tel/Fax: (506) 223 46 68
e-mail: incafo@racsa.co.cr

Realización: *Ediciones San Marcos S. L.*, Madrid
Producción: *Diego Blas Méndez de Vigo*
Documentación gráfica: *Luis Blas Méndez de Vigo*
Diseño: *Alberto Caffaratto*
Traducción: *Lesley Ashcroft*

Fotomecánica: *Cromotex*
Impresión: *Gráficas Palermo*
Encuadernación: *Alfonso y Miguel Ramos*

I.S.B.N.: 84-89127-17-4
Depósito Legal: M-5.908-2003

COSTA RICA

Ricardo Zúñiga H.

INCAFO
COSTA RICA

A mis padres Antonio y Socorro -Q.d.D.g-,
quienes me enseñaron a amar a este bello país.

CONTENIDO • CONTENTS

INTRODUCCIÓN

Este pequeño país de apenas 51.200 km² localizado en el corazón del istmo centroamericano, limitado al norte por Nicaragua y al sur por Panamá se encuentra bañado por dos océanos: el Pacífico y el Atlántico. Su estratégica situación, sirviendo de puente natural entre América del Norte y América del Sur le ha convertido en un pasillo biológico de una importancia histórica excepcional no sólo desde el punto de vista botánico y zoológico, sino también antropológico.

Formada hace unos 10 millones de años, esta estrecha franja de tierra se encuentra en el lugar de cabalgamiento de dos importantes placas tectónicas: la placa del Coco y la placa del Caribe. El continuo roce de ambas placas explica la gran actividad sísmica y volcánica de todo el país. La presencia de más de diez volcanes en actividad continua es una de las características más notables del paisaje costarricense.

La Cordillera de Talamanca, a manera de columna vertebral que se continúa en Panamá, divide al país en dos vertientes: la atlántica y la pacífica. En la vertiente atlántica o caribeña es Limón el puerto que abre sus puertas a todos los países bañados por este océano, mientras que en la vertiente pacífica es Puntarenas la que lo hace con el resto del mundo.

Además de la Cordillera de Talamanca hay que destacar en la geografía costarricense el extenso Valle Central, con más de 3.000 km² de superficie, formado por cuatro provincias y en el que se encuentra San José, su capital, y la región del Guanacaste, una extensa llanura en la costa pacífica.

Otra de las características más notables de Costa Rica es su clima privilegiado, con temperaturas medias que oscilan en torno a los 18° C y los 2O° C. Dos estaciones se presentan bien diferenciadas: el verano, que dura desde finales de diciembre hasta el mes de abril, y la época de lluvias, que se extiende sobre los demás meses con una canícula o "veranillo de San Juan" hacia mitad del año.

Por último, la naturaleza de Costa Rica constituye uno de sus mayores privilegios. Las más de 800.000 hectáreas oficialmente protegidas –lo que supone más de un 16% de la superficie del territorio nacional– albergan una abundante y variada flora y fauna. Desde las playas de Nancite al borde del océano Pacífico, con sus extraordinarias arribadas de tortugas, hasta el cerro Chirripó que con sus 3.821 metros es el punto más alto del país, una notable variedad de ecosistemas convierten a Costa Rica en un paraíso natural.

Sin embargo Costa Rica, con sus volcanes, sus espectaculares paisajes, con su clima extraordinario y su naturaleza exuberante no sería nada sin el pueblo costarricense, culto y acogedor, que no sólo ha sabido conservar su medio natural, sino también sus costumbres y tradiciones, su folklore y su gastronomía, su ancestral hospitalidad y sobre todo sus valores culturales y su contribución a la paz, manifestada en la renuncia a un ejército propio.

Administrativamente, de norte a sur, Costa Rica se divide en siete provincias: Guanacaste, Puntarenas, Alajuela, Heredia, San José, Cartago y Limón, que servirán de hilo conductor en las páginas de este libro.

INTRODUCTION

This small country of scarcely 51,200 km² in the heart of the Central American Isthmus is bordered to the North by Nicaragua and to the South by Panama, and washed by the Pacific and the Atlantic. Its strategic situation, as a natural bridge between North and South America, has made it a biological corridor of exceptional historical importance, not only in botanical and zoological terms, but also from an anthropological point of view. Formed about 10 million years ago, this narrow strip of land lies at the juncture of two important tectonic plates: the Coco Plate and the Caribbean Plate. The continuous friction between them gives rise to a great deal of seismic and volcanic activity all over the country. More than ten continuously active volcanoes make up one of the most striking features of the Costa Rican landscape.

Like a backbone stretching into Panama, the Cordillera de Talamanca divides the country into the Atlantic and Pacific slopes. On the Atlantic or Caribbean side, the port of Limón opens its portals to all the countries lying on the Atlantic coasts while, on the Pacific slope, Puntarenas does the same to the rest of the world.

Besides the Cordillera de Talamanca, the broad *Valle Central* (Central Valley) is a noteworthy feature of Costa Rican geography, covering more than 3,000 km² and consisting of four provinces. The capital, San José, and the Guanacaste region, an extensive plain on the Pacific coast, are both located there.

The extraordinary climate is another of the most noteworthy features of Costa Rica, with average temperatures varying between 18° C and 20° C. The summer and the rainy season are well differentiated. The first lasts from the end of December to April, and the latter extends over the rest of the year with a period of dog days or "Indian summer" towards the middle of the year.

Finally, Costa Rica's flora and fauna represent two of its greatest assets. Lots of varied animal and plant life is to be found over more than 800,000 hectares of officially protected land, representing over 16% of the country. From the beaches of Nancite at the edge of the Pacific Ocean, with its extraordinary gatherings of turtles, to Cerro Chirripó (Chirripó Hill), the highest point in the country at 3,821 meters, an exceptional variety of ecosystems make Costa Rica a natural paradise.

However, Costa Rica, with its volcanoes, spectacular landscapes, extraordinary climate and luxuriant nature would be nothing without the cultured and welcoming Costa Rican people, who have been able to conserve not only their natural environment, but also their customs and traditions, folklore and gastronomy, their ancestral hospitality and, above all, their cultural values and contribution to peace, manifest in their decision not to have armed forces.

Costa Rica is divided administratively from North to South into seven provinces; namely, Guanacaste, Puntarenas, Alajuela, Heredia, San José, Cartago and Limón. They will serve as the unifying thread running through the pages of this book.

DATOS DE INTERÉS

Símbolos nacionales

- Bandera y escudo.
- Árbol nacional: Árbol de Guanacaste. *(Enterolobium cyclocarpum)*.
- Flor nacional: Guaria morada *(Guarianthe skinneri)*.
- Ave nacional: Yigüirro *(Turdus grayi)*.
- Símbolo nacional del trabajo: La carreta típica costarricense.

- Forma de gobierno: República democrática, libre e independiente.
- Poderes del gobierno: Legislativo, Ejecutivo y Judicial.
- Idioma oficial: Español.
- Moneda: El Colón.
- Religión oficial: Católica (libertad de culto).
- Extensión: 51.200 kilómetros cuadrados.
- Población: 4 millones de habitantes (aproximadamente).
- Electricidad: 110 voltios.

Fiestas nacionales

- 1 de enero (Primero de Año).
- 1 de mayo (día del trabajador).
- 25 de julio (día de la Anexión de Guanacaste a Costa Rica).
- 2 de agosto (día de la Virgen de los Ángeles, patrona de Costa Rica).
- 15 de agosto (día de la Madre).
- 15 de septiembre (día de la Independencia).
- 12 de octubre (día de las Culturas).
- 25 de diciembre (Navidad).

Aeropuertos

- Internacional Juan Santamaría (Alajuela).
- Internacional Daniel Oduber (Liberia, Guanacaste).
- Tobías Bolaños (San José).

Líneas aéreas

- Grupo Taca-Lacsa (Líneas Aéreas Costarricenses).
- Sansa.

Puertos comerciales

- Limón.
- Puntarenas.
- Caldera.
- Golfito.

Horario de comercio

- de 8 a.m. a 6 p.m.

Horario de bancos

- de 9 a.m. a 3 p.m. (de lunes a viernes).

USEFUL INFORMATION

National symbols

- Flag and shield.
- National tree: Guanacaste tree *(Enterolobium cyclocarpum)*.
- National flower: Wild purple orchid *(Guarianthe skinneri)*.
- National bird: Clay-coloured robin *(Turdus grayi)*.
- National labour symbol: The typical Costa Rican cart.

- Government: A free and independent democratic republic.
- Government powers: Legislative, Executive and Judicial.

- Official language: Spanish.
- Currency: The Colón.
- Official religion: Catholic (freedom of worship).
- Surface area: 51,200 square kilometers.
- Population: 4 million inhabitants (approximately).
- Electricity voltage: 110 volts.

National holidays

- January 1 (New Year).
- May 1 (Labour Day).
- July 25 (Annexation of Guanacaste to Costa Rica).
- August 2 (Day of the Virgen de los Ángeles, patron saint of Costa Rica).
- August 15 (Mother's Day).

- September 15 (Independence Day).
- October 12 (Cultures Day).
- December 25 (Christmas Day).

Airports

- Juan Santamaría International (Alajuela).
- Daniel Oduber International (Liberia, Guanacaste).
- Tobías Bolaños (San José).

Airlines

- Grupo Taca - Lacsa (Líneas Aéreas Costarricenses - Costa Rican Airlines).
- Sansa.

Commercial ports

- Limón.
- Puntarenas.
- Caldera.
- Golfito.

Business opening hours

- 8 a.m. - 6 p.m.

Bank opening hours

- 9 a.m. - 3 p.m. (Monday to Friday).

El Volcán Arenal en plena erupción.

Arenal Volcano erupting.

MAPA • MAP

GUANACASTE

Con una extensión de 10.141 km² la provincia de Guanacaste, bañada por el océano Pacífico ocupa el noroeste del país. Es en la pampa guanacasteca que caracteriza esta región donde más se disfruta de un clima tropical. Está habitada por el "sabanero", un hombre duro que dedica toda su vida al cuidado del ganado y que con su inseparable compañero, el caballo, recorre estas extensas llanuras cuidando sus reses.

Liberia, su capital, popularmente conocida como "la ciudad blanca", está situada estratégicamente en la región y debido a su buena infraestructura y servicios se convierte en el centro de numerosas rutas turísticas. Nicoya, con

su iglesia de San Blas, hoy convertida en museo, se encuentra también situada estratégicamente en el centro de la península de su propio nombre. Otras poblaciones importantes son Cañas, Santa Cruz, Bagaces, Abangares y Tilarán.

En el litoral de Guanacaste existen abundantes y bellas playas, muchas de ellas aún en estado virgen. Las más famosas y concurridas son Sámara, Tamarindo, Conchal, Hermosa, Flamingo, Panamá y del Coco, que cuentan con una importante infraestructura turística. En otras playas la fuerte brisa y el continuo oleaje las convierten en lugares idóneos para la práctica del *surfing,* como sucede en las playas de Naranjo, Grande, Negra, Avellanas, Langosta y Potrero Grande.

A todo lo largo de la costa guanacasteca se practica la pesca deportiva, con lugares de fama internacional como el Golfo de Papagayo, en donde se obtienen ejemplares excepcionales de marlin, vela, dorado, "wahoo", gallo, pargo y casi todos los grandes atunes.

En la península de Nicoya se localiza el poblado de Guaitil, un lugar histórico, cuna del arte indígena de la región. En él su alfarería conserva tradicionalmente los originales diseños de sus antepasados los chorotegas, la tribu aborigen más importante de Costa Rica. En el folklore guanacasteco ocupan un importante papel sus originales fiestas de toros, una tradición heredada de los espa-

Vista aérea de la isla Peña Bruja en el Parque Nacional de Santa Rosa.

Aerial view of Peña Bruja island in Santa Rosa National Park.

GUANACASTE

The 10,141 km² province of Guanacaste lies on the Pacific coast in the north-west of the country. The Guanacaste pampas is the most characteristic feature of this region, where the tropical climate is at its most enjoyable. The pampas is inhabited by 'sabaneros', tough people who spend their whole lives looking after livestock. With their horses as inseparable companions, they range over the broad plains watching over their cattle.

Liberia, the capital, popularly known as 'the White City', enjoys a strategic position in the region and, thanks to its infrastructure and services, is the center of numerous tourist routes. Nicoya, with its Church of San Blas, now a museum, is also strategically located in the center of the peninsula of the same name. Other important towns are Cañas, Santa Cruz, Bagaces, Abangares and Tilarán.

On the coast of Guanacaste there are lots of beautiful beaches, many of them still unspoiled. The most famous and crowded are Sámara, Tamarindo, Conchal, Hermosa, Flamingo, Panamá and El Coco, which have a well developed tourist infrastructure. The strong breeze and continuous wave action make beaches like Naranjo, Grande, Negra, Avellanas, Langosta and Potrero Grande ideal places for surfing.

Sport fishing is a popular activity along the whole of the Guanacaste coastline, with internationally famous places like Golfo de Papagayo (Parrot Gulf), where outstanding examples of marling, vela, dorado, wahoo, dory, porgy and almost all the large tunas are found.

The town of Guaitil lies on the Nicoya Peninsula. This historic site is the home of the region's native art in which the pottery traditionally conserves the original designs of the region's ancestors, the Chorotegas, the most important native tribe in Costa Rica. Festivals involving bulls, a tradition inherited from the Spanish, play an important part in Guanacaste folklore. In the improvised corrals, the 'sabaneros' take on bulls in their own fashion, riding the wildest to demonstrate the strength of Guanacaste men.

El Museo Histórico de La Casona en el Parque Nacional Santa Rosa.

The La Casona History Museum in Santa Rosa National Park.

Puente de la carretera Interamericana sobre el río Abangares.

A bridge over the River Abangares on the Inter-American Highway.

ñoles. En los improvisados rediles los sabaneros torean a su propia usanza, montando los toros más bravos para demostrar la fortaleza del hombre guanacasteco.

En Guanacaste se localiza un importante número de parques nacionales. En el noroeste del país los parques nacionales de Santa Rosa y Guanacaste, con más de 79.000 hectáreas de zona terrestre y 78.000 hectáreas de superficie marina protegen uno de los últimos y más importantes reductos del bosque tropical seco de Centroamérica. A sus playas acuden regularmente a nidificar las tortugas verdes del Pacífico, loras y baulas, pero es en su playa de Nancite donde tienen lugar todos los años las mayores arribadas de tortugas loras de la América tropical. En el parque se encuentra el Museo Histórico de la Casona con sus corrales de piedra, escenario de la batalla contra los filibusteros que tuvo lugar en el año 1856 y que garantizó la soberanía nacional.

Cercano a estos dos parques se encuentra el Parque Nacional Rincón de la Vieja, uno de los volcanes todavía activos de la Cordillera de Guanacaste, con 1.916 metros de altitud. Al pie del volcán, en la cara sur del macizo montañoso, se encuentra el área denominada Las Pailas, en la que se pueden observar fuentes termales, lagunas solfatáricas, orificios conocidos como "soffioni" de los que surgen chorros de vapor y volcancitos de lodo en los que el barro burbujea.

En la desembocadura del río Tempisque, uno de los cursos fluviales más importantes de Costa Rica, en el fondo del Golfo de Nicoya se encuentra el Parque Nacional Palo Verde, con casi 20.000 hectáreas de llanuras inundables que permiten una de las mayores concentraciones de aves acuáticas y vadeadores de toda Mesoamérica. En los diferentes hábitats de esta área protegida se han censado más de 280 especies diferentes de aves.

Por último, a sólo 22 kilómetros de la población de Nicoya se encuentra el Parque Nacional Barra Honda, en el que se localiza el mayor sistema de cavernas conocido de todo el país. Se trata de unas 40 cavernas independientes, algunas de las cuales como la de Santa Ana alcanzan una profundidad de 240 metros.

There are a large number of national parks in Guanacaste. In the north-west of the country, the national parks of Santa Rosa and Guanacaste, containing more than 79,000 hectares of land and 78,000 hectares of marine area, protect one of the last and most important strongholds of dry tropical forest in Central America. Olive ridley and leatherback turtles of the Pacific regularly go to its beaches to nest, but it is on Nancite Beach that the largest gatherings of olive ridleys in tropical America occur every year. The park contains La Casona History Museum with the stone corrals that were the scene of the battle against the filibusters which took place in 1856, ensuring national sovereignty.

Not far from the above-mentioned two parks is Rincón de la Vieja National Park, featuring one of the still active volcanoes in the Cordillera de Guanacaste. At the foot of the 1,916-meter-high volcano, on the south side, there is an area known as Las Pailas in which it is possible to view thermal springs, solfatara lagoons, holes known as 'soffioni', which give off clouds of steam, and little volcanoes of bubbling mud.

At the mouth of the River Tempisque, at the end of the Gulf of Nicoya, lies Palo Verde National Park, with almost 20,000 hectares of flood plain which attract one of the largest gatherings of aquatic birds and waders in all of Central America. Over 280 different bird species have been recorded in the different habitats of this protected area.

Finally, just 22 kilometers from the town of Nicoya lies Barra Honda National Park, containing the country's largest known cave system. There are about 40 separate caves, some of which, such as Santa Ana Cave, are as much as 240 meters deep.

Un bello atardecer sobre la pequeña playa Islita en la costa pacífica de la provincia de Guanacaste.

A lovely sunset over Playa Islita, a small beach on the Pacific coast of Guanacaste Province.

*Arriba, vista general del
macizo del Parque Nacional
Rincón de la Vieja.
A la derecha,
una tortuga baula recién nacida.*

*Above, a general view of the
massif in Rincón de la Vieja
National Park. Right, a recently
hatched leatherback turtle.*

A la izquierda, el sol ocultándose en Playa Grande del Parque Nacional Las Baulas. Arriba, un altar de la iglesia de San Blas, hoy convertida en museo, y una manifestación volcánica en el área de "Las Pailas", en el Parque Nacional Rincón de la Vieja.

Left, the sun going down at Playa Grande in Las Baulas National Park. Above, an altar of San Blas Church, which nowadays is a museum, and volcanic activity in the 'Las Pailas' area of Rincón de l a Vieja National Park.

A la izquierda, los cañones del río Liberia, el secado de frijoles en las inmediaciones del Parque Nacional Barra Honda, y dos cascadas en el Parque Nacional Guanacaste. Arriba, el puente de la Amistad sobre el río Tempisque que comunica la península de Nicoya con el resto del país. En la doble página siguiente, la espectacular floración del corteza amarilla, que tiene lugar en el mes de marzo.

Left, canyons along the River Liberia, kidney beams drying in the surrounds of Barra Honda National Park, and two waterfalls in Guanacaste National Park. Above, la Amistad Bridge over the River Tempisque, that links the Nicoya Peninsula with the rest of the country. Overleaf, the yellow cortez tree in flower is a spectacular sight that can be seen in March.

*Junto a estas líneas, un atardecer en
los humedales del Parque Nacional
Palo Verde. Arriba, el río Corobicí y
la playa del Coco. A la izquierda, el
paisaje que rodea Cerro Pelado, los
manglares de la laguna Limbo en el
Parque Nacional Santa Rosa y una
vista general de la playa Penca.
En la doble página siguiente,
el volcán Orosí.*

*Alongside, dusk over the wetlands of
Palo Verde National Park. Above,
the River Corobicí and Playa del
Coco. Left, the countryside around
Cerro Pelado, mangroves in Limbo
Lagoon in Santa Rosa National
Park and a general view of Playa
Penca. Overleaf, Orosí Volcano.*

PUNTARENAS

La provincia de Puntarenas, con una extensión de 11.277 km² ocupa prácticamente todas las tierras costeras del Pacífico costarricense desde unos kilómetros por encima de Cabo Blanco hasta el límite con Panamá, incluyendo el Golfo de Nicoya.

Puntarenas, con su clima privilegiado, su bullicioso puerto y sus playas de arena negra es su ciudad más representativa. A sólo hora y media de distancia de San José, los fines de semana se convierte en el destino de centenares de ticos y extranjeros, transformándose en una ciudad alegre en la que la música, que se prolonga hasta bien entrada la madrugada, adquiere el papel de protagonista. Desde la cumbia hasta la salsa o el merengue, pasando por cualquier ritmo que esté de moda, la música impregna la tradicional alegría porteña. Los grandes y multitudinarios conciertos del país tienen siempre lugar en Puntarenas.

Durante el día y la noche, el "Paseo de los Turistas" es frecuentado por miles de transeúntes que visitan sus quioscos donde degustan comidas rápidas, pero, sobre todo, el raspado de hielo con sirope, leche en polvo, leche condensada y sabrosos helados, conocidos como "churchil". A lo largo de la playa el turista tiene la opción de adquirir un bonito recuerdo de los artesanos puntarenenses.

El puerto no sólo sirve como lugar de atraque de importantes y numerosos transatlánticos con turistas, sino que desde él salen los ferrys que atraviesan el Golfo de Nicoya y permiten alcanzar lugares espectaculares como Curú, Playa Tambor, Montezuma y Cabo Blanco. También parten de él embarcaciones con destino al Parque Nacional Isla de Coco, situado en medio del océano a casi quinientos kilómetros del puerto, y que por sus excepcionales valores naturales –y en especial por la riqueza de su fauna marina– ha sido declarado por la UNESCO Patrimonio de la Humanidad. Conocida también como

Isla del Tesoro, ya que cuentan que allí se localizan todavía tres tesoros enterrados por piratas, la isla es hoy uno de los lugares más importantes del mundo para practicar el submarinismo por la riqueza y claridad de sus aguas y por la abundancia y variedad de su fauna marina.

A sólo 30 minutos de la ciudad, en dirección sur, se

El popular "Paseo de los Turistas",
junto a la larga playa de Puntarenas.

PUNTARENAS

The 11,277 km² of Puntarenas Province covers virtually all the coastal land of the Pacific part of Costa Rica, from a few kilometers above Cabo Blanco to the border with Panama, including the Nicoya Gulf.

The most typical city is Puntarenas, with its exceptional climate, bustling port and black sand beaches. Just

The popular "Tourist Walk" alongside the long beach of Puntarenas.

an hour and a half from San José, at the weekends it becomes the destination of hundreds of Costa Ricans and foreigners, turning into a lively city, where music plays a leading role, often going on well into the early morning. From cumbia to salsa or merengue, taking in any fashionable beat along the way, music runs right through traditional Puntarenas gaiety. The large-scale, teeming concerts held in Costa Rica always take place in Puntarenas.

The so-called 'Paseo de los Turistas' or Tourist Walk is frequented day and night by thousands of passers-by, who visit the stalls, where they try different kinds of fast food, but, above all, the delicious fruit salad with ice cream known as banana split. Along the beach, tourists can, if they wish, purchase a pretty souvenir from the craftsmen of Puntarenas.

The port not only serves as a dock for many large transatlantic liners, it is also the starting point for the ferries that cross the Nicoya Gulf and are a way of getting to spectacular places like Curú, Playa Tambor, Montezuma and Cabo Blanco. Boats for Isla de Coco National Park also leave from there.

The park is located in the middle of the ocean almost five hundred kilometers from the port. Due to its outstanding natural assets, and in particular its wealth of marine wildlife, it has been declared a UNESCO World Heritage site. It is also known as Isla del Tesoro (Treasure Island) as it is said that it still contains three treasures originally buried by pirates. Nowadays, it is one of the most important places in the world for subaqua diving because of the rich, clear waters and the abundant and varied marine fauna.

Just 30 minutes from the city in a southerly direction is Puerto Caldera, the most important Pacific port in the country, where large merchant ships dock.

*Playa Espadilla, en el Parque Nacional
Manuel Antonio.*

*Playa Espadilla in Manuel Antonio
National Park.*

encuentra Puerto Caldera, el más importante puerto pacífico del país en el que recalan grandes embarcaciones mercantes.

Al sur de esta extensa provincia, a pocos kilómetros de la frontera con Panamá se localiza el Puerto Libre de Golfito, un gran centro comercial rodeado de una naturaleza exuberante entre la que destaca el Refugio Nacional de Fauna Silvestre Golfito y que con una importante infraestructura acoge a miles de visitantes nacionales que desean adquirir los productos libres de impuestos.

Afortunadamente, una parte del maravilloso litoral pacífico costarricense se encuentra protegido. Así, de norte a sur y siguiendo la línea de costa se encuentra la Reserva Nacional Absoluta de Cabo Blanco, en el extremo sur de la provincia de Nicoya, una de las áreas de mayor belleza natural, indispensable para la protección de las aves marinas.

Frente a la entrada del Golfo de Nicoya se localiza el Refugio Nacional de Vida Silvestre Curú y en el interior del mismo las islas Guayabo, Negritos y de los Pájaros, importantes reservas biológicas para las aves marinas. Más hacia el sur, en las proximidades de Quepos se localiza el Parque Nacional Manuel Antonio, una de las áreas protegidas más bellas de Costa Rica, con su célebre tómbolo de Punta Catedral. En sus proximidades se ha desarrollado una amplia infraestructura turística.

La Península de Osa se encuentra protegida prácticamente en su totalidad con tres importantes áreas naturales: la Reserva Biológica Isla del Caño con sus bosques siempreverdes y sus restos arqueológicos; el Parque Nacional Marino Ballena, situado en la Bahía de Coronado que protege más de 5.000 hectáreas de mar y, sobre todo, el Parque Nacional Corcovado que con más de 50.000 hectáreas de tierra firme y más de 5.000 hectáreas de zona marina es el área donde se conserva el bosque húmedo tropical más importante de toda Centroamérica, caracterizado por su extraordinaria diversidad biológica.

También en la provincia de Puntarenas se encuentran dos áreas naturales excepcionales, las Reservas Biológicas de Monteverde y de Santa Elena, en las que puede admirarse la fascinante belleza del bosque tropical nuboso y su variada avifauna, con cuatrocientas especies de aves identificadas, en donde se destacan treinta especies de colibríes y la presencia del majestuoso quetzal, posiblemente el ave más bella del continente.

To the south of this large province, a few kilometers from the border with Panama, is Puerto Libre de Golfito (Golfito Free Port), a large trading center in a luxuriant natural setting that includes the noteworthy Golfito National Wildlife Refuge. The port's large infrastructure handles thousands of Costa Rican nationals wanting to buy duty free goods.

Fortunately, part of Costa Rica's wonderful Pacific coastline is protected. From North to South along the coastline lies Cabo Blanco Strict Nature Reserve at the southern end of Nicoya Province, one of the most beautiful natural areas and crucial for sea bird protection.

Opposite the entrance to the Nicoya Gulf is Curú National Wildlife Refuge containing the islands of Guayabo, Negritos and Isla de los Pájaros (Bird Island), all of which are important biological reserves for sea birds. Further south, near Quepos, lies Manuel Antonio National Park, one of the most beautiful protected areas in Costa Rica, with its famous 'tombolo' known as Punta Catedral. There are well developed and extensive tourist facilities nearby.

Almost all of the Osa Peninsula is protected by three important natural areas: Isla del Caño Biological Reserve, with its evergreen forests and archaeological remains; Marino Ballena National Park, located in Coronado Bay, which protects over 5,000 hectares of ocean and, above all, Corcovado National Park containing more than 50,000 hectares of dry land and over 5,000 hectares of marine zone. Corcovado contains the largest area of

moist tropical forest in the whole of Central America, the main feature of which is its extraordinary biological diversity.

In Puntarenas Province, there are also two exceptional natural areas. In Monteverde and Santa Elena Biological Reserves, it is possible to admire the fascinating beauty of tropical cloud forest and its varied bird life, which consists of four hundred recorded species, including thirty species of hummingbird and the magnificent quetzal, possibly the most beautiful bird on the American continent.

De día y de noche el "Paseo de los Turistas" está lleno de quioscos y puestos de venta.

Day and night the 'Tourist Walk' is filled with stalls and little shops.

En la doble página anterior, una vista aérea de la Laguna de Corcovado, en el parque nacional del mismo nombre. Arriba, cultivos de piña. Junto a estas líneas, un crucero atracado en el nuevo muelle de Puntarenas. A la derecha, el Parque Nacional Marino Ballena.

Preceding double page, an aerial view of Corcovado Lagoon in the national park of the same name. Above, pinneapple plantations. Alongside, a cruise ship docked at the new quay in Puntarenas. Right, Marino Ballena National Park.

Arriba, una vista aérea del Parque Nacional Marino Ballena. A la derecha, actividad portuaria en Puerto Caldera.

Above, an aerial view of Marino Ballena National Park. Right, activity in Puerto Caldera.

*Arriba, la espectacular playa
pacífica de Montezuma.
A la izquierda, regreso de una
excursión al puerto de Puntarenas.*

*Above, spectacular Montezuma
Beach on the Pacific Coast.
Left, returning from a visit
to Puntarenas.*

En la doble página anterior, la playa Manuel Antonio, en el parque nacional del mismo nombre. Arriba, la playa Rocaloca y, a la derecha, el Club Náutico de Puntarenas.

Preceding double page, Manuel Antonio Beach in the national park of the same name. Above, Rocaloca Beach and, right, Puntarenas Sailing Club.

*A la izquierda, cascada en el
Parque Nacional Isla de Coco.
Arriba, la Reserva Biológica
de Monteverde y uno de los muchos
colibríes que en ella viven.*

*Left, Falls in Isla de Coco
National Park. Above, Monteverde
Biological Reserve and one of the
many hummingbirds found there.*

ALAJUELA

La provincia de Alajuela, con 9.753 km² de superficie es la segunda en extensión de Costa Rica. Situada en el Valle Central, Alajuela, su capital, es conocida popularmente como "la ciudad de los mangos" por la gran cantidad de estos árboles frutales que se encuentran en el parque Central. Este lugar, todos los días y por tradición, se convierte en punto de reunión de muchos vecinos. A sólo una cuadra de este parque se erige la estatua a Juan Santamaría, héroe nacional que sacrificó su vida en un acto heroico por la libertad de Costa Rica en la batalla de Rivas, el 11 de abril de 1856. Es en esta fecha cuando cada año da comienzo la Feria del Erizo, una semana de fiestas, desfiles, fuegos artificiales, mascaradas, "topes" o desfiles de caballos y carnaval.

En esta próspera localidad, con un importante comercio, el Museo Histórico Cultural Juan Santamaría ocupa un edificio histórico y en él se centra la principal actividad cultural de la ciudad con continuas exposiciones de arte y numerosas representaciones de teatro y danza.

A sólo 47 kilómetros de Alajuela se localiza el Parque

El cerro Congo en las proximidades del Volcán Poás.

Cerro Congo near Poás Volcano.

ALAJUELA

Covering 9,753 km², Alajuela Province is the second largest in Costa Rica. Situated in the Central Valley, Alajuela, its capital, is popularly known as 'Mango City' for the large number of mango trees in its Central park, which tradition daily turns into a meeting place for many citizens. Just one block from this park, stands a statue to Juan Santamaría, a national hero who gave his life in an heroic act for Costa Rican freedom at the Battle of Rivas on April 11th, 1856. On that date every year, the Feria del Erizo starts, heralding a week of fiestas, parades, fire-works, masked events, 'topes' or mounted parades, and carnival.

In this prosperous locality, with lots of commercial activity, the Juan Santamaría Museum of Culture and History is housed in an historic building. The museum is the center of the city's cultural life, which consists of on-going art exhibitions and many theater and dance perfor-mances.

Just 47 kilometers from Alajuela is Volcán Poás National Park, which is accessible via a tarmaced road that

La iglesia de Zarcero y su parque Central con sus esculturas de arbustos de ciprés.

Zarcero church and the town's Central park with examples of topiary in cypress bushes.

Nacional Volcán Poás, al que se puede acceder por carretera pavimentada prácticamente hasta el propio borde del gigantesco cráter de casi dos kilómetros de diámetro. En su fondo, en una laguna de aguas verdosas pueden observarse esporádicamente las pequeñas erupciones tipo géiser que se elevan desde unos cuantos metros hasta varios kilómetros de altitud.

A la vera del camino que conduce al volcán los visitantes son habitualmente atendidos por campesinos que ofrecen productos frescos de la zona: melocotones, fresas, ciruelas, duraznos, manzanas, queso tierno, natillas, bizcochos, cajeta y otras muchas delicias.

También, desde la provincia de Alajuela se puede visitar el Parque Nacional Volcán Arenal, un cono activo, casi perfecto que se eleva hasta los 1.633 metros sobre el nivel del mar. Sus erupciones explosivas, su atronador retumbar

durante el día y la noche y su incandescente lava descendiendo vertiginosamente por sus laderas constituyen un espectáculo extraordinario que nos recuerda la fuerza sin límites de la naturaleza. Al lado del volcán se encuentra el embalse Arenal, catalogado por campeones mundiales de *windsurfing* como uno de los cinco mejores lugares en el mundo para la práctica de este deporte.

Entre las poblaciones más características de esta provincia destaca la pequeña ciudad de Zarcero, con sus decenas de esculturas de arbustos de ciprés que adornan su parque Central, y que es famosa por la calidad de sus exquisitos quesos y conservas. En el cantón de Valverde Vega se encuentran Sarchí Norte y Sur, poblaciones dedicadas casi exclusivamente a la artesanía tica. Entre las numerosas piezas artesanales que se confeccionan aquí a mano, hechas con finas maderas torneadas, barro, arcilla, cuero y tejidos, destaca la construcción y decoración de las típicas carretas costarricenses que antaño eran no sólo el obligado transporte para el acarreo del café, la caña de azúcar y otros productos sino también el habitual medio de transporte familiar para paseos, actos religiosos y festividades diversas.

En los restaurantes de esta provincia se puede degustar desde una exquisita sopa de verduras hasta los mejores "casados" elaborados con arroz, frijoles, picadillos variados y plátano maduro a los que puede añadírsele lomo, pollo, cerdo o pescado. Si todavía se queda con apetito no dude en pedir un gallo de ternero, un maduro con queso o una chorreada con una buena taza de aguadulce o café, todo, por supuesto, preparado en cocina de leña.

Estatua del héroe nacional Juan Santamaría,
en la ciudad de Alajuela.

Statue of national hero Juan Santamaría,
in the city of Alajuela.

Típica carreta costarricense construida y decorada en Sarchí.

Typical Costa Rican cart built and decorated in Sarchí.

goes virtually right to the edge of the huge two-kilometer-diameter crater. At the bottom of the crater, there is a lagoon of greenish water where it is now and again possible to see the small geyser-type eruptions that spurt upwards from a few meters to several kilometers.

At the edge of the road leading to the volcano, local people cater to the needs of visitors by offering fresh local produce: peaches, strawberries, plums, apples, cheese, 'natillas', cakes, 'cajeta' and many other delicacies.

It is also possible to visit Volcán Arenal National Park from Alajuela Province. It is an almost perfect active cone rising to 1,633 meters above sea level. Its explosive eruptions, deafening thunderous noise both day and night and the incandescent lava pouring down its sides are an extraordinary sight reminding one of Nature's boundless force. Next to the volcano is dam Arenal, listed by world champion windsurfers as one of the five best windsurfing sites in the world.

Among the most typical towns in this province, the small city of Zarcero stands out, with its dozens of works of cypress topiary in the Central park and the famed quality of its exquisite cheeses and preserves. In the district of Valverde Vega, the two towns of Sarchí Norte and Sarchí Sur are almost exclusively devoted to Costa Rican craftsmanship. The many pieces of craft work, handmade from fine turned wood, earth, clay, leather and material include the noteworthy manufacture and decoration of typical Costa Rican carts, which were formerly not only the unique form of transport for shifting coffee, sugar cane and other products, but also the usual means of transport for families to take a ride and attend religious acts and various festivities.

In this province's restaurants, visitors can try things ranging from a delicious vegetable soup to the best 'casados' made from rice, refried beans, a variety of minced meat mixes and ripe banana as well as pork loin, chicken, other pork cuts and fish. If at the end of all that they still have room for more, they should not hesitate to order a 'veal gallo', a 'maduro' with cheese or a 'chorreada' with a nice cup of 'aguadulce' or coffee, all of which is of course made using a wood-fired stove.

Arriba, "tope" o desfile de caballos en la Feria del Erizo en Alajuela, y la cocción del "elote" en la Fiesta del Maíz. A la derecha, bosque bordeando la laguna Río Cuarto.

Above, a 'tope' or mounted parade during the Feria del Erizo in Alajuela, and cooking the 'elote' in the Fiesta del Maíz (Corn Festival). Right, forest bordering Río Cuarto Lagoon.

*Arriba, la orquídea guaria
morada, flor nacional
de Costa Rica. A la derecha,
la cascada del Ángel, en las
cercanías del Volcán Poás.*

*Above, the orchid 'guaria morada',
Costa Rica's national flower.
Right, Angel Falls near
Poás Volcano.*

*A la izquierda, el Parque
de Fraijanes, en las cercanías
del Parque Nacional Volcán Poás.
Arriba, la ardilla de montaña,
en el mismo parque nacional.*

*Left, Fraijanes Park in the nearbys
of Poas Volcano National Park.
Above, the Central American
montane squirrel in the same
national park.*

Arriba, cultivos en invernadero en las laderas del volcán Poás. A la derecha, el tratamiento de la caña de azúcar o "trapiche".

Above, winter pasture fields on the slopes of Poás Volcano. Right, processing sugar cane or 'trapiche'.

*Arriba, el impresionante cono del
volcán Arenal contemplado desde el
lago del mismo nombre.
A la izquierda, puestos de fruta
en Alajuela.*

*Above, the impressive cone of
Arenal Volcano seen from the lake
of the same name.
Left, fruit stalls in Alajuela.*

A la izquierda, cultivos de caña y café en la provincia de Alajuela, monumento al agricultor y transporte de caña de azúcar. Arriba, el cráter principal del volcán Poás en cuyo fondo se localiza una laguna termomineral. En las dos páginas siguientes, los característicos desfiles y carnavales de la Feria del Erizo que tiene lugar en el mes de abril.

Left, coffee and sugar cane plantations in Alajuela Province, a monument to farmers, and transportation of sugar cane. Above, the main crater of Poás Volcano at the bottom of which there is a thermomineral lagoon. On the two following pages, typical parades and carnivals during the Feria del Erizo in April.

HEREDIA

Aunque se trata de la más pequeña de las provincias de Costa Rica, con una extensión de 2.657 km², la provincia de Heredia o "Ciudad de las flores" posee diez cantones.

La ciudad de Heredia, situada en las laderas de la Cordillera Volcánica Central, a 1.150 metros de altitud y a sólo diez kilómetros de la capital goza de un clima excepcional, con una temperatura media de 21° C, influenciado por los vientos alisios del Caribe. El corazón de la ciudad es el parque Central donde todos los jueves y domingos se celebran las "retretas" o pequeños con-

ciertos a cargo de la banda municipal. Fusionado al parque por una plazoleta se alza la iglesia de la Inmaculada con más de 200 años de existencia.

A un costado del parque se encuentra el Fortín, edificio emblemático de Heredia, una vieja obra de ingeniería militar de estilo colonial, y la Casa de la Cultura, que acoge exposiciones de arte y otras numerosas manifestaciones artísticas y culturales. Es también edificio singular el que alberga la Gobernación y la Oficina de Correos y Telégrafos, declarado de interés histórico nacional. Heredia ha sido la cuna de sobresalientes edu-

La laguna del volcán Barva, en el Parque Nacional Braulio Carrillo.

Volcano Barva lagoon in Braulio Carrillo National Park.

HEREDIA

Although, at 2,657 km², this is the smallest of Costa Rica's provinces, also known as 'the City of the Flowers'. It comprises ten districts.

The city of Heredia, situated 1,150 meters up on the slopes of the Cordillera Volcánica Central and only ten kilometers from the capital, boasts an exceptional climate, with an average temperature of 21° C, influenced by the trade winds of the Caribbean. The heart of the city is the Central Park, where the 'retretas' or small concerts are given by the municipal band. Connected to the park by a small square stands the Iglesia (Church) de la Inmaculada, which is over 200 years old. Near the park are El Fortín, an emblematic building in Heredia and an old piece of military engineering in the colonial style, and the Casa de la Cultura, belonging to the ex-president of the Republic, Alfredo González Flores, which houses art exhibitions and numerous other expressions of art and culture. The building containing Government House and the Post Office is another singular construction that has been declared of national historical interest. Heredia was the home of outstanding educators and distinguished politicians, and is the

La Feria del Agricultor se celebra todos los sábados en Heredia.

The Agricultural Fair is held in Heredia every Saturday.

cadores y distinguidos políticos y allí tienen su sede una gran cantidad de prestigiosas instituciones educativas como el antiguo Liceo de Heredia, las escuelas República Argentina y Joaquín Lizano y la Universidad Nacional, institución que cada año acoge a 2.500 estudiantes superiores.

Heredia es la pionera de la Feria del Agricultor, una de las más sobresalientes de la región. Todos los sábados, al amanecer, se reúnen aquí una gran cantidad de agricultores de todos los rincones del país ofreciendo lo mejor de sus cultivos. El colorido del mercado lo producen la gran variedad de flores, frutas, verduras, granos y hortalizas frescas que aquí se concentran, sin olvidar los embutidos, carnes, frescas natillas y la inigualable variedad de quesos procesados en los verdes campos a muchos kilómetros de la ciudad.

La provincia de Heredia se caracteriza por sus extensos cultivos de café, popularmente denominados "cafetales", por sus grandes plantaciones de flores para la exportación y por sus extensos potreros dedicados principalmente a la ganadería lechera.

Algunos cafetaleros conservan sus recibidores de café tal y como los heredaron de sus antepasados, con sus impresionantes tapias de "bahareque", un material compuesto de tierra negra y tierra colorada, algunas vigas de madera, caña brava, teja quebrada, estiércol o boñiga, cal y agua.

Entre las ciudades más antiguas está Barva, una ciudad colonial con su majestuoso templo construido por los españoles hacia el año 1575. A su alrededor se conservan numerosas casas y edificaciones que datan del siglo XVIII. También los admiradores del arte colonial deben visitar los cantones de San Joaquín de Flores, Santo Domingo, San Isidro y San Rafael en los que podrán observar numerosas construcciones de bahareque, adobe y madera encuadrados en un exuberante y colorido marco natural.

Y es que Heredia es la puerta del Parque Nacional Braulio Carrillo que con más de 45.000 hectáreas es una de las áreas protegidas más extensas de Costa Rica. Enclavado en una de las zonas más abruptas del país, de naturaleza volcánica, está tapizado por un denso bosque primario siempreverde salpicado por numerosos ríos y arroyos que se despeñan monte abajo en innumerables cascadas y saltos de agua. En él se conserva la antigua calzada empedrada que durante decenas de lustros fue la única vía de comunicación entre el Valle Central y la costa del Caribe.

Paisaje de la provincia de Heredia en las faldas del volcán Poás.

seat of a large number of prestigious educational institutions such as the former Liceo de Heredia, the Escuela República Argentina, Escuela Joaquín Lizano, and the National University, which annually accepts 2,500 students for higher education.

The city of Heredia is the pioneer of the Agricultural Fair, one of the most outstanding in the region. Every Saturday at dawn, a large number of farmers from all corners of the country gather there to offer the cream of their products.

Scenery in the foothills of Poás Volcano in Heredia Province.

The market is a riot of colour thanks to the large variety of fresh flowers, fruits, vegetables and cereals on display, not to mention the prepared meats, fresh meat, fresh 'natillas' and unequalled variety of cheeses produced in the green countryside many miles away from the city.

Heredia Province's main features are its extensive coffee plantations, popularly known as 'cafetales', its extensive plantations of flowers for export and its large ranches, which area mainly given over to rearing dairy cattle.

Some coffee growers still have their coffee houses just as they inherited them from their forefathers, with their impressive walls of 'bahareque', a kind of wattle and daub material consisting of red and black earth, wooden beams, 'caña brava', crushed tile, dung or cow pats, lime and water.

Barva, a colonial city with an imposing church built by the Spaniards about 1575, is one of the oldest cities. Many houses and buildings dating from the eighteenth century still stand nearby. Lovers of colonial art should also visit the districts of San Joaquín de Flores, Santo Domingo, San Isidro and San Rafael, where they will be able to see many constructions built in 'bahareque', adobe and wood framed in a luxuriant and colourful natural setting.

Heredia is the gateway to Braulio Carrillo National Park, the more than 45,000 hectares of which make it one of the largest and most important protected areas in Costa Rica. Lying in volcanic terrain in one of the most rugged parts of the country, this National park is carpeted in a thick primary evergreen forest dotted with lots of rivers and streams that plunge down the mountain sides over countless waterfalls. It contains the former paved road that for a long time was the only way of getting from the Central Valley to the Caribbean coast.

En la doble página anterior, las inmensas masas forestales del Parque Nacional Braulio Carrillo. Arriba, procesión de Semana Santa en Barva y a la derecha, procesión del Señor del Triunfo en San Francisco.

On the preceding double page, the immense tracts of forest in Braulio Carrillo National Park. Above, an Easter procession in Barva and, right, procession of the Lord of Triumph in San Francisco.

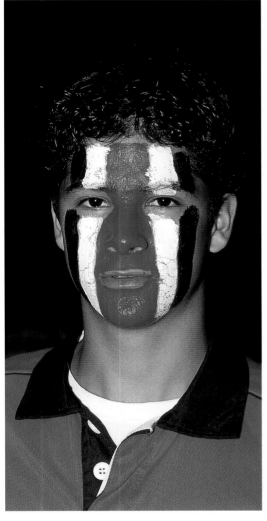

*Arriba, hinchas de la selección
nacional tica.
A la izquierda, un bus escolar
en su trayecto diario.*

*Above, fans of Costa Rica's
national team.
Left, a school bus making its daily run.*

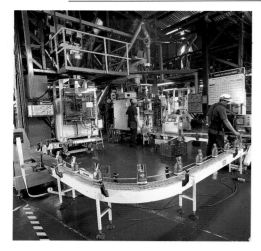

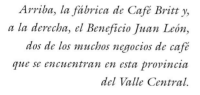

*Arriba, la fábrica de Café Britt y,
a la derecha, el Beneficio Juan León,
dos de los muchos negocios de café
que se encuentran en esta provincia
del Valle Central.*

*Above, the Britt coffee factory and,
on the right, the Beneficio Juan León,
two of the many coffee
companies in this province of the
Central Valley.*

*La selección del grano de café en los beneficios exige una abundante mano de obra para garantizar
la calidad del café costarricense que se exporta a todo el mundo.*

*Picking coffee beans on the coffee mill requires a lot of manpower in order to guarantee the quality
of Costa Rican coffee, which is exported worldwide.*

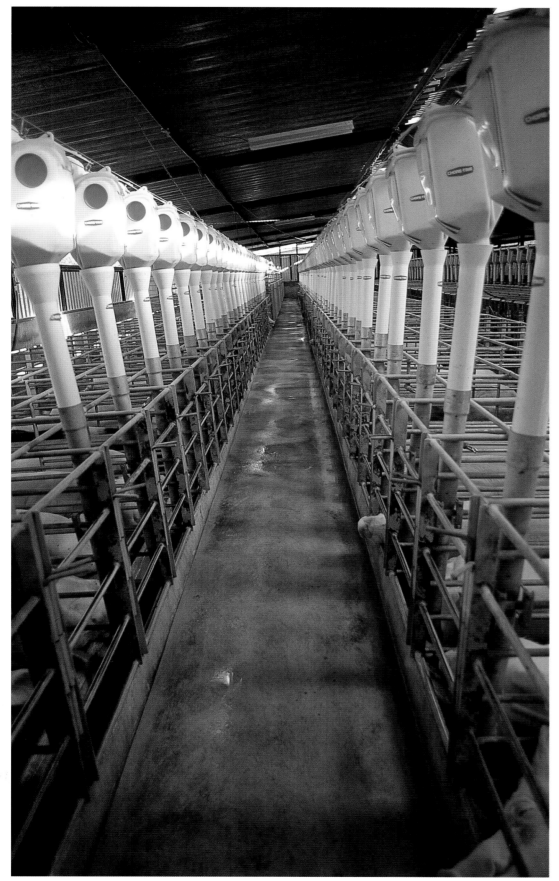

*A la izquierda, la unión del río
Sucio con el río Hondura en el
Parque Nacional Braulio Carrillo.
Junto a estas líneas, una granja
porcina. Arriba, diversos productos
que se ofrecen en la Feria
del Agricultor.*

*Left page, the confluence of the Sucio
River with the Hondura River in
Braulio Carrillo National Park.
Left, a pig farm.
Above, a variety of products on sale
at the Agricultural Fair.*

Junto a estas líneas, el Fortín, en la ciudad de Heredia. A la derecha, una casa de campo en la provincia de Heredia, la Casa de la Cultura y una característica construcción en San Joaquín de Flores.

El Fortín in Heredia city. Right, a country house in Heredia province, the Casa de la Cultura (Cultural Center) and a typical building in San Joaquín de Flores.

SAN JOSÉ

La ciudad de San José, capital de Costa Rica, se levanta en el Valle Central a 1.150 metros de altitud, y está dominada al norte por las montañas que forman el Parque Nacional Braulio Carrillo y al sur por los cerros de Escazú y Puriscal.

Es una ciudad sencilla, sin grandes construcciones, pero que resulta muy armónica. Su corazón y edificio principal es el Teatro Nacional, recientemente restaurado, que fue construido hace más de cien años con los impuestos del café. Las principales manifestaciones culturales de

Vista general de la ciudad de San José, en el Valle Central.

General view of San José City, in the Central Valley.

SAN JOSÉ

The city of San José, Costa Rica's capital, stands in the Central Valley 1,150 meters high, overlooked to the North by the mountains that comprise Braulio Carrillo National Park and to the South by Cerro Escazú (Escazú Hill) and Cerro Puriscal (Puriscal Hill).

Without great buildings, it is an unpretentious, but very harmonious city. The main building, lying at its heart, is the recently restored National Theater, built over one hundred years ago from the proceeds of coffee taxes. The country's main cultural expressions in the fields of

Mural del IICA (Instituto Interamericano de Cooperación para la Agricultura).

Mural at the IICA (Instituto Interamericano de Cooperación para la Agricultura).

arte, música, danza y teatro del país tienen lugar en su remozado interior.

La Avenida Central, siempre abarrotada de gente y de vehículos vertebra la capital costarricense. Desemboca en la Plaza de la Cultura, construida en el año 1977, un espacio abierto en el que diariamente se presentan todo tipo de artistas, desde payasos hasta malabaristas, sin olvidar a los músicos o a los oradores. Debajo de ella se encuentran el Museo de Numismática y las salas de exposiciones del Banco Central.

El Museo Nacional, con interesantes colecciones arqueológicas, ocupa el espacio del Cuartel de Bellavista, otrora cuartel general del Ejército de Costa Rica antes de que éste fuera abolido por el presidente José Figueres Ferrer en el año 1948.

Dotada de una excelente infraestructura con confortables hoteles y numerosos restaurantes la ciudad de San José posee dos grandes pulmones. Al oeste, la Sabana, un lugar donde se encontraba enclavado el primer aeropuerto internacional del país, transformado hoy en zona recreativa con numerosas facilidades para practicar todo tipo de deportes. Hacia el sur, el Parque de la Paz en el que se combinan los fines de semana las actividades culturales con las deportivas.

Si desea estar muy cerca de la luna y las estrellas, y admirar las luces del Valle Central, diríjase con un vehículo a Aserrí, recorriendo su tortuosa carretera que le premia con restaurantes, bares y fondas en los que podrá degustar una exquisita cocina tanto nacional como internacional.

El Teatro Nacional, el edificio más emblemático de la ciudad.　*The National Theater, the most emblematic building in the city.*

*Entre los numerosos
edificios oficiales que
salpican la ciudad de
San José se encuentra la
Asamblea Legislativa.*

*The Legislative
Assembly is one of
many official buildings
spread around the city
of San José.*

art, music, dance and theater take shape in its renovated interior.

Central Avenue, which is always packed with people and vehicles, runs through the middle of the Costa Rican capital. It ends in the Plaza de la Cultura, built in 1977, an open area where every day all kinds of artists, from clowns to jugglers, musicians to public speakers, congregate. Below the square, are the Coin Museum and the exhibition rooms of the Central Bank.

The National Museum, containing interesting archaeological collections, is housed in the Bellavista Barracks, formerly the general barracks of the Costa Rican Army before it was abolished by President José Figueres Ferrer in 1948.

Equipped with excellent facilities, such as comfortable hotels and many restaurants, the City of San José has two great 'lungs'. To the West, lies La Sabana, former location of the country's first international airport, and which has been turned into a recreation area with many sports facilities. To the South, there is Parque de la Paz (the Peace Park), where cultural and sporting events are held on weekends.

Anyone wishing to get very close to the moon and the stars and admire the lights of the Central Valley should make for Aserrí across the twisting road lined with restaurants, bars and inns that offer superb national and international cuisine.

*A la derecha, el bulevar del Museo Nacional.
Arriba, el monumento a León Cortés en
La Sabana, y marimberos a la puerta de un hotel.*

*Right, Boulevar of the National Museum. Above,
the monument to León Cortés in La Sabana,
and marimba players at the entrance to a hotel.*

Arriba, la Universidad de Costa Rica. Junto a estas líneas, interior del Museo del Oro situado en la Plaza de la Cultura. A la derecha, escultura de Jorge Jiménez de Heredia en el Museo de Arte Costarricense, la iglesia catedral y un acto cultural infantil en la Plaza de la Cultura.

Above, the University of Costa Rica. Right, inside the Gold Museum in Plaza de la Cultura. Right page, sculpture of Jorge Jiménez de Heredia at the Costa Rican Art Museum, the cathedral-church and a cultural event for children in Plaza de la Cultura.

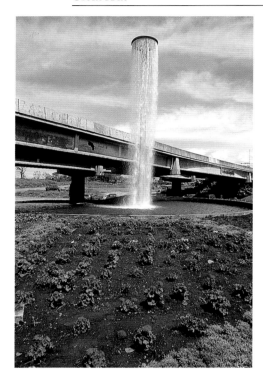

*Arriba, la Fuente de la Hispanidad
en el Barrio de San Pedro de Montes
de Oca. Junto a estas líneas,
la estatua "Toma de los Valores"
en el parque de San José.
A la derecha, un aspecto de la
Plaza de la Cultura.*

*Above, the Hispanidad Fountain
in the San Pedro de Montes de Oca
neighbourhood. Alongside,
the statue known as 'Toma de los
Valores' in the park in San José.
Right, a view of
La Cultura Square.*

Arriba, el Museo de Arte Moderno en La Sabana. A la derecha, Templo de la Música en el parque Morazán.

Above, the Museum of Modern Art in La Sabana. Right, Temple of the Music in Morazán Park.

Arriba, el CENAC, uno de los luga-
res más emblemáticos de la ciudad.
A la izquierda, una escuela rural en
las proximidades de Moravia.

Above, The CENAC, one of the most
emblematic places in the city.
Left, a country school on the outskirts
of Moravia.

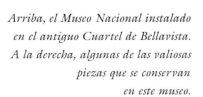

Arriba, el Museo Nacional instalado
en el antiguo Cuartel de Bellavista.
A la derecha, algunas de las valiosas
piezas que se conservan
en este museo.

Above, the National Museum housed
in the former Bellavista Barracks.
Right, some of the valuable pieces
found in the National Museum.

A la izquierda, interior del Museo Nacional. Arriba, una de las múltiples piezas precolombinas que forman parte de su colección arqueológica.

Left, inside the National Museum. Above, one of the many pre-Columbian pieces that make up the museum's archaeological collection.

CARTAGO

La provincia de Cartago, con 3.125 km² de superficie se encuentra también localizada en el Valle Central. La ciudad de Cartago, antigua capital de Costa Rica, se asienta sobre un terreno muy irregular bajo la atenta mirada de dos colosos volcánicos: el Irazú y el Turrialba. Se trata de dos estratovolcanes, hoy protegidos como parques nacionales, el primero con 3.432 metros sobre el nivel del mar –lo que le convierte en el más alto del país– y el segundo de 3.340 metros de altitud.

En el corazón de la ciudad, además de las ruinas de la iglesia del Apóstol Santiago, destruida por la acción de diversos terremotos y no reconstruida hasta 1910, existe actualmente una plazoleta en la que tienen lugar pintorescas ventas callejeras los fines de semana, para deleite de niños y adultos. A pocas cuadras se encuentra el templo de arquitectura bizantina construido en honor a la Virgen de los Ángeles, patrona de Costa Rica, popularmente conocida como "La Negrita" y que en su romería del 2 de agosto reúne cada año a millares de peregrinos.

A siete kilómetros de la ciudad de Cartago se localiza el Jardín Lankaster, en el que se cultivan y conservan más de ochocientas especies diferentes de orquídeas y bromelias que florecen a lo largo de todo el año, pero principalmente de febrero a mayo.

En el sudeste de la provincia se encuentra enclavado el cantón de Paraíso, del que pueden visitarse diferentes lugares de una gran belleza escénica como es el valle de Orosí, bañado por los ríos Grande de Orosí y Reventazón. Desde los diferentes miradores que salpican el camino del valle pueden observarse espectaculares vistas panorámicas en las que se entremezclan ruinas coloniales, plantaciones de café y extensos campos de hortalizas que permanecen siempre verdes ya que las precipitaciones alcanzan aquí los 5.300 mm anuales.

En la población de Orosí existe una iglesia colonial franciscana, hoy convertida parte de ella en un museo religioso de la época. En el mismo valle se puede contemplar el impresionante Proyecto Hidrológico Río Macho, que recoge las aguas de la Reserva Forestal Río Macho y del Parque Nacional Tapantí y que proporciona a la capital

El río Reventazón es un lugar idóneo para la práctica del rafting.

CARTAGO

artago Province covers 3,125 km² and is also situated in the Central Valley. The City of Cartago, former capital of Costa Rica, lies on very irregular terrain under the ever-watchful gaze of two immense volcanoes. At 3,432 metres above sea level, Irazú volcano is the highest in the country, while Turrialba measures 3,340

meters. Both stratovolcanoes are nowadays protected as national parks.

In addition to the ruins of the Iglesia del Apóstol Santiago (Church of St. James, the Apostle), destroyed by various earthquakes and not rebuilt until 1910, in the heart of the city there is now a small square where quaint street vendors set up shop at weekends to the delight of children and adults alike. A few blocks away, there is a church built in the Byzantine architectural style in honour of the Virgen de los Ángeles (Virgin of the Angels), the patron saint of Costa Rica, popularly known as La Negrita. Every year on August 2nd, thousands of people make a pilgrimage there in order to pay homage to her.

Seven kilometers from the city of Cartago is the Lankaster Garden, where over eight hundred species of orchids and bromeliads are grown and conserved, flowering throughout the year, but mainly in February and May.

In the Southeast of the province in the district of Paraíso, it is possible to visit several places of great scenic beauty, such as the Orosí Valley, washed by the River Grande de Orosí and the River Reventazón. From the different viewing points that dot the valley road there are spectacular, panoramic views in which colonial ruins mingle with coffee plantations and large fields of vegetables that are always green due to the as much as 5,300 mm of rain that falls annually in the area.

In the town of Orosí, there is a Franciscan colonial church, part of which has been turned into a religious museum of that time. In the same valley, it is possible to view the impressive River Macho Hydrological Project, which collects the waters of the River Macho Forest Reserve and Tapantí National Park, and supplies the capital, San José, with 1,800 litres of water per second.

In the Reventazón Valley, crossed by the river of the

The Reventazón River is an ideal place for rafting.

El mercado de Cartago es uno de los lugares más concurridos de la ciudad.

The market is one of the most crowded places in Cartago City.

misticismo la convierten en uno de los monumentos religiosos más importantes de Costa Rica. La provincia de Cartago encabeza la producción de papa del país y es en Oreamuno y Tierra Blanca, camino del volcán Irazú, en donde, aprovechando las celebraciones de la Feria de San Isidro tienen lugar las más importantes ferias de tubérculos, hortalizas y frutas frescas de toda la región.

Rodeada de grandes plantaciones de caña de azúcar y de café, así como de importantes fincas ganaderas, la ciudad de Turrialba conoció una gran prosperidad ya que hasta hace pocos años era la única conexión entre el importante puerto caribeño de Limón y la capital San José. A sólo 19 kilómetros al norte de ella se encuentra el Monumento Arqueológico Nacional Guayabo, el área arqueológica más importante de Costa Rica. Las calzadas, los muros de contención, los acueductos, los basamentos de las viviendas, los monolitos, los petroglifos... muestran el gran desarrollo que tuvo el cacicazgo entre los años 300 y 700 de nuestra era.

No se puede abandonar la provincia de Cartago sin haber visitado el pueblo de Cervantes, en el que se podrá saborear una gran diversidad de comidas típicas preparadas en cocina de leña como tortillas de queso palmeadas, gallos de ternero y pollo, picadillos de arracache y de papa, arroz con pollo, gallo pinto con natilla y con queso tierno y bebidas como el aguadulce, café de la zona, chocolate y un buen vaso de leche recién ordeñada.

San José, una cantidad de 1.800 litros de agua por segundo. En el valle del Reventazón, atravesado por el río del mismo nombre y en cuyos espectaculares rápidos puede practicarse el *rafting* se encuentran las ruinas de Ujarrás, una iglesia de finales del siglo XVII que fue abandonada en 1833 al desplomarse algunas de sus paredes. Declarada Monumento Nacional en 1920, su sencilla belleza y su

same name and in whose spectacular rapids it is possible to go rafting, are the ruins of Ujarrás, a church from the end of the eighteenth century, abandoned in 1833 when some of its walls collapsed. Declared a National Monument in 1920, its simple beauty and mysticism make it one of the most important religious monuments in Costa Rica.

The province of Cartago is the national leader in terms of potato production. During the celebrations of the Feria de San Isidro (San Isidro Fair), the most important tubercle, vegetable and fresh fruit fairs in the entire region take place in Oreamuno and Tierra Blanca, on the way to Irazú Volcano,

Surrounded by large sugar cane and coffee plantations and large cattle ranches, the city of Turrialba experienced great prosperity because until a few years ago it was the only link between the important Caribbean port of Limón and the capital San José. Just 19 kilometers to the North of Turrialba is Guayabo National Monument, the most important archaeological area in Costa Rica. The paved roadways, retaining walls, aqueducts, house foundations, monoliths, petroglyphs, etc. are proof of the great development the chieftainship underwent between 300 and 700 AD.

Visitors should not leave Cartago Province without visiting the town of Cervantes, where they can try a large range of typical foods made in wood-fired stoves, for example, 'tortillas de queso palmeadas', chicken and veal gallos, minced meat with 'arracache' and potato, chicken with rice, 'gallo pinto con natilla' and mild cheese and drinks like 'aguadulce', local coffee, chocolate and a nice glass of milk fresh from the cow.

Junto a estas líneas, calzada prehispánica restaurada en el Monumento Nacional Guayabo y, a la izquierda, un muro de contención y una vista general del yacimiento arqueológico. Arriba, Heliconia, platanilla común del área.

Alongside, restored pre-Hispanic roadway in Guayabo National Monument and, left, a retaining wall and a general view of the archaeological site. Above, Heliconia, common plant of the area.

En la doble página anterior, una vista del cráter principal del volcán Irazú.
A la derecha, paisaje camino del volcán Irazú, y orquídea en el Jardín Lankaster.

On the preceding double page, a view of Irazú Volcano's main crater.
Right, lanscape as we approach Irazú Volcano and an orchid in Lankaster Garden.

A la izquierda, una vista general del valle de Ujarrás. Arriba, las ruinas de la iglesia del Apóstol Santiago en Cartago y las ruinas de la iglesia de Ujarrás.

Left, a general view of the Ujarrás Valley. Above, the ruins of the Church of Santiago Apostle in Cartago and the ruins of Ujarrás church.

Arriba, el volcán Turrialba destacándose sobre el mar de nubes. A la derecha, pastizal en las laderas del volcán Irazú.

Above, Turrialba Volcano protruding above the sea of cloud. Right, farmland on the slopes of Irazú Volcano.

Arriba, la represa de Cachí. A la izquierda, plantaciones de caña en las proximidades de Turrialba.

Above, Cachí Dam. Left, sugar cane plantations near Turrialba.

LIMÓN

La provincia de Limón, con una extensión de 9.188 km² ocupa la totalidad del área caribeña de Costa Rica. Aunque toda la provincia ha sido sometida a los embates de la naturaleza, principalmente influenciada por los huracanes y ciclones que tan unidos están al mar Caribe, todavía conserva el clásico paisaje caribeño con sus playas pobladas de cocoteros y sus cultivos de cacao, banano y frutas tropicales. Es la única región tica que posee una población estable afro-antillana, que junto a blancos, orientales e indios Bribrí y Cabécar constituyen el mosaico etnológico más significativo del país.

La ciudad de Limón es el puerto más importante de la costa atlántica costarricense, conservando una notable actividad comercial. Los edificios emblemáticos de la ciudad son el de Correos, donde está enclavado el Museo Etno-histórico, el de la Capitanía y los hoteles Cariari y Costa Rica, que todavía conservan sus viejas estructuras. El Tajamar, donde rompen las olas y la brisa caribeña se hace más patente es un punto obligado de encuentro de grandes y pequeños, de negros y blancos, de locales y de turistas.

En octubre tiene lugar el famoso Carnaval de Limón, un encuentro de las culturas que se celebra en las calles de la ciudad. Los ritmos afro-antillanos dominan en una fiesta popular en el que todos, viejos, jóvenes y niños danzan sin cesar al ritmo que marcan las populares comparsas, los grupos de calipso y los conjuntos musicales.

En la variada cocina de Limón destaca el auténtico y sabroso *rice and beans,* un nombre inglés que se ha popularizado pero que encierra una receta local antiquísima que se ha ido transmitiendo de boca en boca y de generación en generación. Su base son los frijoles con tomillo, sal y ajos y leche de coco, que ha sido licuado previamente en una manta o colador. Luego se le agrega el arroz crudo con olores al gusto y un chile panamá entero. Como dicen en Limón, si quiere chuparse los dedos añada pollo, carne o pescado condimentado con curri y ajos y fríalo todo con aceite y leche de coco en un comal de hierro.

El puerto de Limón es el más importante de la costa costarricense del Caribe.

Limón is the most important port on Costa Rica's Caribbean coast.

LIMÓN

The 9,188 km² of Limón Province cover almost the whole of the Caribbean area of Costa Rica. Although the entire province has been subjected to the sudden attacks of Nature, mainly influenced by hurricanes and cyclones that so often occur together in the Caribbean Sea, it still conserves the classical Caribbean landscape of beaches lined with coconut palms and fields of cacao, banana trees and tropical fruits. It is the only area in Costa Rica with a stable Afro-West Indian population, which, along with whites, Asians and Bribrí and Cabécar Indians, makes up the most significant ethnological mosaic in the country.

The city of Limón is the most important port on the Atlantic coast of Costa Rica and keeps up considerable commercial activity. The emblematic buildings of the city are the Post Office Building housing the Museum of Ethnic History, the Captaincy General and the Hotels Cariari and Costa Rica, which have managed to preserve their old structures. El Tajamar, where the waves break and the Caribbean breeze is more noticeable, is the habitual meeting point for old and young, black and white, locals and tourists.

In October, the famous Limón Carnival, a cultural encounter, is held in the city's streets. Afro-Caribbean rhythms predominate in a popular street party in which everyone – the elderly, adolescents and children – dance tirelessly to the beat of popular carnival groups, calypso and pop music bands.

One outstanding example of the varied cooking in Limón is the authentic and tasty dish which goes by the English name of rice and beans. Although it has become an everyday popular dish, it is based on an extremely old local recipe that has been handed down by word of mouth from generation to generation. The basis of the dish is refried beans with thyme, salt, garlic and coconut milk, which is liquidized through a cloth or colander. The uncooked rice is then added together with the desired aromas and a whole Panamanian chilli. As they say in Limón, if you want to lick your lips, add chicken, meat or

En las selvas húmedas de La Amistad los árboles están tapizados de musgos y plantas epífitas.

In the moist forests of La Amistad, the trees are clad in mosses and epiphytes.

Al norte de la ciudad y lindando con la frontera con Nicaragua se encuentra el Parque Nacional Tortuguero, una auténtica Venecia de la Naturaleza con su red de canales y lagunas navegables, y El Refugio Nacional de Fauna Silvestre Barra del Colorado, una de las áreas silvestres con una mayor diversidad biológica del país. En las playas de estas dos áreas protegidas nidifica la mayor población conocida de tortugas verdes de toda la mitad occidental del Caribe.

Al sur de Puerto Limón se localiza el Parque Nacional Cahuita, con sus playas de blancas arenas y sus tranquilas y cálidas aguas litorales protegidas por el mayor arrecife de coral de Costa Rica formado por ripio de coral viejo, cayos, áreas de coral vivo y praderas submarinas de pasto de tortuga. Esta zona protegida se convierte así en el lugar ideal para los amantes del buceo.

Más al sur, ya casi en la frontera panameña se encuentra el Refugio Nacional de Vida Silvestre Gandoca-Manzanillo, una de las áreas de mayor belleza escénica de Costa Rica con sus largas playas de arenas blancuzcas, suave pendiente y escaso oleaje, bordeadas en tierra por miles de cocoteros y en el mar por decenas de pequeños arrecifes coralinos.

Pero la joya natural de la provincia de Limón, situada al sudoeste de la misma es el área de La Amistad, que con 258.546 hectáreas es la superficie protegida más grande del país. Fue declarada por la UNESCO Reserva de la Biosfera en 1982. En esta amplia zona se encuentra el Parque Internacional de La Amistad que junto con su homónimo panameño –con el que limita durante muchos kilómetros– fue declarado también por la UNESCO en 1983 sitio del Patrimonio Mundial.

Se trata del área de mayor diversidad biológica de Costa Rica y constituye el bosque natural más grande del país. Destaca la enorme variedad de hábitats que posee, que van desde los páramos hasta los bosques húmedos siempreverdes, que protegen una fauna extraordinariamente diversa, con numerosas especies en vías de extinción. En el Parque Nacional Chirripó, incluido en la Reserva de la Biosfera, no sólo se encuentra el techo de Costa Rica, el Cerro Chirripó con 3.821 metros de altitud, sino que es el único lugar en América Central donde las glaciaciones del Cuaternario han dejado su marca indeleble. Los glaciares han modelado circos, lagos y valles profundos que no se encuentran en miles de kilómetros a la redonda.

Rana calzonuda o de ojos rojos en el Parque Nacional Tortuguero.

Red-eyed tree frog in Tortuguero National Park.

*La Cordillera de
Talamanca ha sido
declarada por la
UNESCO Reserva de
la Biosfera.*

*The Cordillera de
Talamanca has been
declared a UNESCO
Biosphere Reserve.*

fish seasoned with curry and garlic and fry it all in oil and coconut milk in an iron pot.

To the North of the city, on the border with Nicaragua, is Tortuguero National Park, a veritable Natural Venice, with its network of navigable channels and lagoons, and Barra del Colorado National Wildlife Refuge, one of the wild areas with the greatest biological diversity in the country. The largest known population of green turtles in the whole Western half of the Caribbean nest on the beaches of these two protected areas.

To the south of Puerto Limón lies Cahuita National Park, with its white sand beaches and quiet warm coastal waters protected by Costa Rica's largest coral reef, which consists of old coral residue, keys, areas of live coral and underwater meadows of turtle grass. This protected area is therefore an ideal spot for diving enthusiasts.

Further South, almost on the border with Panama, is Gandoca-Manzanillo National Wildlife Refuge, one of the most scenically beautiful areas in Costa Rica, with its long gently sloping beaches of whitish sand and benign waves, lined on land with thousands of coconut palms and at sea with dozens of small coral reefs.

However, the natural jewel of Limón Province, situated south-west of the province, is the La Amistad area, which at 258,546 hectares is the largest protected area in the country. Declared a Biosphere Reserve by UNESCO in 1982 it includes La Amistad International Park, which, together with its Panamanian namesake, with which it shares a border many kilometers long, was also declared a World Heritage Site by UNESCO in 1983.

In addition to being the area with the greatest biological biodiversity in Costa Rica, it is the largest natural forest in the country. One of its outstanding features is the huge variety of habitats it possesses. Ranging from the paramos to moist evergreen forests, they protect an extraordinarily diverse fauna with many threatened species.

Chirripó National Park, which is included in the Biosphere Reserve, not only contains the 3,821-meters high Cerro Chirripó, the roof of Costa Rica, but is also the only place in Central America where Quartenary glaciations have left their indelible mark. The glaciers have carved out cirques, lakes and deep valleys not found for thousands of kilometers round about.

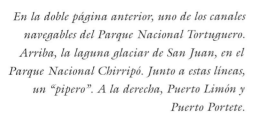

En la doble página anterior, uno de los canales navegables del Parque Nacional Tortuguero. Arriba, la laguna glaciar de San Juan, en el Parque Nacional Chirripó. Junto a estas líneas, un "pipero". A la derecha, Puerto Limón y Puerto Portete.

On the preceding double page, one of the navigable channels in Tortuguero National Park. Above, San Juan glacial lake in Chirripó National Park. Alongside, a 'pipero'. Right, Puerto Limón and Puerto Portete.

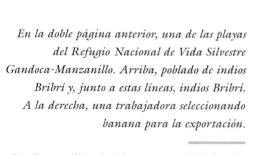

En la doble página anterior, una de las playas del Refugio Nacional de Vida Silvestre Gandoca-Manzanillo. Arriba, poblado de indios Bribrí y, junto a estas líneas, indios Bribrí. A la derecha, una trabajadora seleccionando banana para la exportación.

On the preceding double page, one of the beaches in Gandoca-Manzanillo National Wildlife Refuge. Above, the Bribrí Indian settlement and, alongside right, Bribrí Indians. Right page, a worker choosing bananas to export.

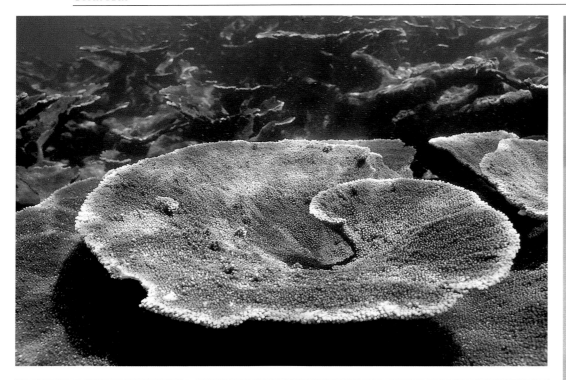

*A la derecha, la costa del Parque Nacional Cahuita y, arriba,
el coral cuerno de alce y el pez ángel reina, habitantes de este arrecife.*

*Right, the coast of Cahuita National Park and, above, elkhorn coral
and the queen angelfish, two reef inhabitants.*

En Madrid, el día 22 de octubre de 2004,
festividad de san Evaristo,
acabóse de imprimir este libro
en las prensas de Gráficas Palermo